LIBRE DISCOVRS
SVR LES MISERES
DV TEMPS PRESENT

A Monsieur DE BEAVVAIS-NANGIS,
Cheualier de l'Ordre du Roy.

A PARIS,

Chez IEAN MILLOT, Imprimeur & Libraire,
demeurant en l'Isle du Palais, au coing de la
ruë de Harlay, vis à vis les Augustins.

M. DC. XV.
Auec Permßion.

EPITRE.

A MONSIEVR DE BEAVVAIS-NANGIS.
Cheualier de l'Ordre du Roy.

MONSIEVR,

Leurs MAIESTEZ ayants daigné receuoir de bon œil l'Institution que i'ay faitte pour le Roy n'agueres, & voyant que ma franchise de parler accoustumee ne leur auoit esté desagreable, i'ay pensé que les Estats de ce Royaume ne trouueroient de mauuais goust si i'auois recours au mesme style pour eux. Et d'autāt que i'ē ay presumé le subiect digne de marcher soubs les rayons d'vn nom signalé de vertus & de qualitez, ie l'ay rangé soubs le vostre, confessant à la verité, que le mouuement principal que i'en ay deu ressentir, est l'honneur que ie reçois de l'amitié de vous & de ceux qui vous appartiennēt, ces

A ij

quels on ne peut auoir aſſés en prix. On me
dira que ie vous deuois pluſtoſt rendre ce
teſmoignage en voſtre loüäge propre, il eſt
vray, mais c'eſt loüer vn hōme de biē de le
choiſir en la cōduitte des choſes loüables:
toutesfois, pour ne m'en deſdire, iâuoüe-
rois mon tort ſi ie n'en auois le deſſein,
mais ie fais en voſtre endroit, MONSIEVR,
comme les Muſiciens, qui premierement
que d'entrer en humeur, s'abandonent à
quelque fātaiſie eſloignée du ſubjet qu'ils
pretendēt. Car de me faire voye d'vn plein
ſaut & de porter mon vol ſi legerement en
ce qui vous touche, il ſeroit beaucoup mal-
aiſé, ſoit que ie vouluſſe mettre en jeu le
rang & le merite de vos Ayeuls, entre
autres de ces deux grands Admiraux, dont
iamais les beaux faits ne mourront, & de
feu Monſieur voſtre Pere, lequel, eſtant
Lieutenant de celuy du feu Roy HENRY
LE GRAND, à rendu tant de fidelles & me-
morables ſeruices, qu'aprés auoir immolé
ſa vie pour les Roys, & pour la Religion,
dans le feu des combats, & dans les perils
d'vne mort genereuſe, la memoire la placé
dans le plus haut de la carte des Hommes
illuſtres; ſoit que ie vouluſſe parler de vo^{s},

Monsievr, & des faueurs non petites que vous aués meritées de ce grand Charles de Valois, (de qui ie ne puis auoir d'imagination qu'en souspirãt, pour l'affection qu'il portoit aux Muses) & du Roy Henry son frere, estant honnoré des qualitez d'Admiral & de Colõnel de l'Infanterie, dignités sorties de vos mains par les desastres & les changements des temps, & non par desmerite; & soit en fin que ie me voulusse disposer aux loüanges de Messieurs vos enfans, qui sont veus reluire auec tant de vertù, qu'ils seront tousiours à bon droit iugés dignes d'auoir l'honneur d'appartenir au premier Roy de la terre. Si la Muse fauorise mes desseins, ie ne m'en pourray taire lors, comme ie fais maintenãt, peur de me voir accusé de flatterie, vice tãt eslogné de mon naturel, que i'estimerois vne de mes plus grandes afflictions de courir telle fortune, comme i'estimeray tousiours vne de mes plus extremes fœlicitez que vous me teniés pour estre.

Monsievr,

Vostre tref humble & tref-obeissant seruiteur. C. Garnier.

ADVERTISSEMENT.

AFin que l'on ne tire vn fens contraire de mes paroles, i'aduertiray que ny deſſein ny meſdiſance ne leur ont faict prendre le chemin qu'elles tiennent, l'vn ne pouuant s'accorder à l'integrité de mon naturel, & rien ne m'eſtant plus odieux que l'autre, dont l'on voit auiourd'huy trop deffects, enuers les perſonnes meſmes que l'on doit reſpecter, vne infinité de Paſquins & de libelles nous le teſmoigne aſſez. Pour moy ie ne viſe qu'à deteſter nos mal-heurs, & purement enſeigner les moyens de les eſuiter : Mais ſi ie me voy conuié d'implorer la Muſe en tel debuoir, le blaſme que l'on attribue à quicõque eſt liberal de ſes hõneurs m'en pourroit d'iuertir, i'entens de certains rimeurs qui pour mettre les filles de Pyrenée*orte* en auant, & deſ-auantager celles de Iupiter, donnẽt la palme au ſilence, & pour autant que ie n'abuſe de leurs myſteres comme eux, ils oſent dire que mes vers (honnorez de l'accueil & du nom de ſa MAIESTE') ſont le rebut des autres, Mais qui repartiroit-on? ſinon que ne pouuants atteindre à la douceur de la grappe, ils diſent que les raiſins ont trop d'aigreur.

LIBRE DISCOVRS SVR LES MISERES DV TEMPS-PRESENT,

I l'on doit croire aux bonnes gens
    du Monde,
Ce vent qui bruit, qui tempeste &
    qui gronde
Parmi les airs de momment en momment,
Et qui respend dessur nostre Element,
Auec des-ordre, vn si frequent orage,
Est le signal d'vn mal-heureux presage,
Et que si DIEV ne void tost amollir
Nos cœurs de roche, il nous fera paslir,
Nous enuoyant, à bon droit, par la terre
Vn de ses fleaux pour nous ouurir la guerre.
Certeine reigle & non reigle d'erreur,
Ou soit qu'il vueille en tesmoignant l'horreur
De son prodige ou monstrant sa furie,
Nous menacer d'affliger nostre vie.
,, Car tout ainsi que les Roys d'entre-nous
,, Ont des Herauts, qui font sçauoir à tous
,,   Leurs volontez, il en a pour nous rendre

A iiij

,, *Imbus du mal que nous debuons attendre.*

Aucunesfois, pour augurer nos maux,
Dans les Estez il desborde les eaux,
Ou par greslons, par Commettes nous donne
Vn preiugé de ce qui nous talonne.

Ores dans l'air il fait voir des combats,
Rouges de flamme, or' d'vn colere bras,
En temps d'Hyuer il d'esbande son foudre,
Et met rochers & montaignes en poudre.

Ore en Leopards, ore en chiens, ore en Ours,
Par les Citez, par les champs, par les Bours,
Hurlants, bruyants, espouuentants les hommes,
Il fait roder Lous-garoux & Fantosmes,
De part en part, effroyables Démons,
A qui l'on baille & mille & mille noms,
Et fait encore, en des estranges formes,
Naistre icy bas mille monstres difformes.

Tels accidents peuuent bien neant-moins
Nous abborder en seruant de tesmoins
Aux volontez qu'il a de nous instruire,
Pour esuitter la fureur de son ire.

Premierement que d'en venir au fait,
Il est si bon, si clement, & parfaict
En son amour, il est tant debonaire
Enuers les siens, que mesme il nous esclaire
Dans nostre faute, & de iour & de nuict,
Pour refrener la peine qui nous suit.

Mais

Mais nous voit-il embourbez dans le vice,
Et qu'à l'aymer est tout nostre exercice,
Il n'attend plus, car espargnant les fronts
Des hauts rochers, des forets & des monts,
Alors il darde & fait choir sur nos testes
Les tourbillons de ses rouges tempestes.

 Aucunes fois il prolonge nos morts,
Afin de mieux employer les efforts
De son couroux en nos ames rebelles,
Pource, il donne estre aux famines cruelles,
Mande la peste, &, sous vn rude vent,
Met les fureurs de la guerre en auant.

 Il fait, de plus, que le subiect empire
De son debuoir, & permet, en son ire,
Que les humains, changeants d'ame & de loy,
Tournent le dos & le cœur a la foy.

 Sa MAIESTE' vient à permettre encore
La mort des Roys, que son pourtraict decore,
Soit en la iouste aux pompes des Tournois,
Soit par venins au printemps de leurs mois,
Soit par cousteaux au milieu des armées,
D'espieux, d'escus & de lances fermées,
Soit en la paix, dans les ieux differents,
Et les honneurs des Triomphes plus grands.

 Nous donnons vogue à tant & tant d'offences,
Que tels malheurs & telles violences
Prennent chemin, nous faisant esprouuer

     B

Que rien de pis ne sçauroit arriuer.
　Ce DIEV qui peut, d'vn seul coup de tonnerre,
Faire trembler & Ciel & mer & terre,
Vueille garder, exempt de tout meschef,
Vn Roy LOVYS, & garantir son chef
De tels effects, sa MAIESTE' beninne
L'aille couurant de son aisle diuine,
Que son pauois le deffende, & tousiours
Ses Anges prompts fauorisent son cours.
　En ce temps (dis-ie) où vont des-enchainées
De tous costez les rages effrenées
Des bas manoirs, en cet âge de fer
Qui parmy nous donne lustre a l'Enfer.
Où toute chose est en soy peruertie,
Et du chemin de tout bien diuertie,
Où tout desordre & toutes malheurtez
Ont à leur gré l'empire en nos Citez.
　Là vont d'accord le rapt & l'adultaire,
Là vont parmy, d'vne suitte ordinaire,
Les trahisons & les meurtres sanglans,
Aux douilles cœurs, aux longs & larges flans.
　D'vn mesme train la feinte hypocrisie
Marche dedans auec l'Apostasie,
Et l'atheisme, & l'orgueil & le dol,
Et la rapine y font bruire leur vol.
　Les vanitez y conduisent leur trouppe,
La mesdisance, ayant le vent en pouppe,

Y faict seiour, l'ignorance y tient lieu,
Du haut en bas, la pense en est le Dieu,
Les voluptez y font leur demeurance,
Les bordeliers & les hommes de chance
Et les bouffons, & les gens d'interest
En ont la banque, & souz vn mauuais prest,
Qui met au iour leurs femmes & leurs filles,
De tous endroicts ils ruinent les familles.
 Des partisans les squadrons aguerris,
Pour tout y perdre, y vont comme souris,
Et qui plus est, (ô malheureux exemples!)
On y trafique, on y vend dans les Temples,
On y folastre, on y iure, on y faict
Mainte querelle, on y vient à l'effect,
Les desmentis y font venir aux prises,
Sans reuerer ny DIEV ny ses Eglises.
Tels on doit voir les iours de l'Antechrist:
Insolemment, & de bouche & d'escrit,
Des Souuerains on n'y faict que mesdire,
Et leurs honneurs on y mort & deschire,
En prose, en rime, &, se ruant au pis,
Le grand DIEV mesme à lieu sur le tapis,
Auec iniure, vsant de mocquerie
Enuers celuy qui nous donne la vie.
 Là du marchand l'artizan manouurier
A les habits; le marchand, rogue & fier,
Veut s'esgaler au braue Gentil-homme,

B ij

Et le muguet, faisant de l'habile homme,
Tranche du noble, autant comme celuy
Dont les ayeuls ont trauaillé pour luy :
Mais qu'il en ayt, fut-il du populaire,
Il est des Grands, il paroist, il esclaire,
Il a cheuaux & pages & lacquets,
Et veut du rang par de mauuais acquets.

Hierusalem ne fut tant desprauée,
La moindre femme, en son cœur esleuée,
Ne treuue assez ny de perles ny d'or,
Ny de satin ny de velours encor',
Pour esclater, & chaque Damoyselle,
De quatre iours, veut que Dame on l'appelle,
Tout est meslé, c'est vn autre cahos,
Où tous malheurs sont pesle-mesle enclos.

Ha! bien heureux les siecles où naquirent
Les Peres vieux qui sur terre nous mirent!
Bien qu'en ce temps l'Age doré n'eust lieu,
Bien que la Loy de Saturne au milieu
De nos citez ne fut plus vagabonde,
Comme elle estoit en l'Orient du Monde,
Si viuoit-on mesurement par tout,
La modestie alloit de bout en bout,
Soit quand la paix soit quand regnoit la guerre,
Et la vertu reluisoit par la terre.

Si l'on n'estoit comme en l'âge premier,
A tout le moins en cet âge dernier,

Bien qu'il marchast d'vne plus rude traitté,
Chacun viuoit en liesse parfaicte.
   Les Mariniers, sans crainte de larrons,
Couppoient les flots de leurs torts auirons,
Et les Marchands, parmy les forests sombres,
Côme aujourd'huy, n'esprouuoient mille encôbres.
   En asseurance, au long des champs herbeux,
A pas comptez, les cheuaux & les beus
Fendoient la terre, & sans desaduantage
Le mesnager faisoit son labourage.
   Sans peur encore il abattoit le fruit
De ses vergers, &, d'vn mesme desduit,
Gerboit ses grains, les mettoit dans la grange,
Cueilloit sa grappe au temps de la vendange,
En loüant DIEV, puis foulant ses raisins,
Gaillardement les transformoit en vins.
   Les pastoureaux, sans bruit & sans murmure,
Dans les pastis, de verdure en verdure,
Guidoient leur trouppe auec leurs chalumeaux,
Ou s'endormoient au gazouillis des eaux,
Qui, d'vne roche entrefendant les veines,
Tomboient d'enhaut sur les claires fontaines.
Puis quand la nuict ses flammes arrangeoit,
Et que Phebé ses cornes allongeoit
Au front des Cieux, il retournoient de mesme
Sans que la peur leur rendit le teint blesme.
   Tailles, taillons, subsides n'estoient point,

Necessitez qui les gesne & les poinct,
Et dont la garde & l'estat des Prouinces
Bride à regret la volonté des Princes.

Ny les tambours, ny les clairons tranchans
Ne l'effoyoient dans les pleines des champs,
Ny la rayeur, ny le froissis des armes,
Ny les canons, tonnerre des alarmes,
Ny les replis des bouffans estandards,
Ny l'etiquette & le trein des soudars;
Et la poulaille, en ce bien-heureux estre,
Pour les goujats ne laissoit de repaistre,
Et la rumeur des hocquetons barrez
N'effarouchoit les moutons esgarez.

Les gens de guerre abordant les villages,
N'y respandoient, comme ils font, leurs orages,
Chez le bon-homme, ains seulement prenoient
Ce que les Roys aux trouppes ordonnoient,
Et les Preuosts, qui nous sont ordinaires,
Comme aujourd huy n'estoient point necessaires.

Mais si dehors on viuoit sagement,
Ne plus ne moins viuoit-on prudemment
Dans les Citez, où la graue Iustice
On redoutoit, où la belle police,
L'heur & l'honneur, le droict & l'equité,
L'amour, la paix, & la tranquilité
S'y faisoient voye à courses mesurées,
D'vn iuste poix, sur des aisles dorées.

Que ce bon temps est descheu de valeur!
Quelle gangrene, abondante en douleur,
S'est depuis faict en leurs membres passage,
Afin d'entrer, en nous portant dommage,
Dans leur pourpris, où librement on faict
Estat du vice & gloire du forfaict.

   Ie desduirois auec des moindres peines
Le riche esmail qui faict rire les plaines
Du renouueau, ie desduirois aussy
Plustost les bleds au iaunoyant sourcy,
Que l'Aouteron, d'vne main vigilante,
Fauche aux grands mois sur la terre beante,
Et conterois mille & mille fois mieux
Tous ces brillans qui marchent dans les Cieux
Differemment au giron de la brune,
Et les effects de l'inconstante Lune
Que de nombrer les infelicitez
Qui d'heure en heure y vont de tous costez:
Puis l'enuieux, engressé de mesdire,
Y trouueroit quelque chose à redire,
Et ces rimeurs qui me vont accusant,
A contre-poil, d'aller Ronsardisant,
Pour renommer leurs escrits sans modelle,
En produiroient quelque farce nouuelle,
De porte en porte, & leurs Stances (qui font
Rire & pleurer) en braueroient leur front.

Si toutesfois mes paroles s'entendent,
Et que les yeux penetrans elles rendent,
I'espere bien (ce que ie n'attens pas)
Qu'vn doré Siecle aura lustre icy bas,
Et qu'esteignant les feux de sa colere,
DIEV tout-puissant, DIEV iuste & debonnaire,
Dans le Vaisseau renclorra tous les maux,
Et, nous versant le meilleur des tonneaux
De son Olympe, il rendra bien-heurees
A tout iamais nos villes honnorées,
Sinon, iamais Ilion ne souffrit
Tant de misere, & iamais ne s'offrit
A tant de mal, pour ne vouloir entendre
Les veritez de la sage Cassandre,
Que de mal-heurs, amplement descendus,
Pour nous destruire en nos villes rendus,
Nous combleront, par de viues detresses,
De pleurs, d'ennuis, de peine & de tristesses:
,, *L'on deuient sage en l'exemple d'autruy,*
Mais les viuans ont la teste auiourd'huy
Comme vn rocher, rempart de la marine,
Et sont garnis d'vne mesme poitrine.
 De molle cire ils ferment par les trous
Leur vaine oreille, & non (tant ils sont fous)
Pour esuiter, comme le fin Vlisse,
Les maux preueus d'vn heureux artifice,
Mais le bien mesme où, faisant son deuoir,

On

On peut de l'aise & du bon heur auoir.
 Ah! l'on a beau, tant leur humeur est dure,
Leur remonstrer, ou soit par escriture,
Ou par sermons, ou par autres discours,
On perd le temps, ils viuront tousiours sourds.
 Que leur profite aux chaires de leurs villes
Tant d'hommes saincts, à leurs cœurs inutiles,
Bien que leur voix, resonnante en maints lieux,
Ayt vn rayon de la manne des Cieux?
 Tout à l'instant que l'vn d'eux s'y va rendre,
Comme poissons qui viennent à se prendre
Contre l'amorce, on les void arriuer
Dedans l'Eglise, on n'y sçauroit trouuer
De lieu vacquant, ce n'est rien que tempeste
De leurs valets, qui se rompent la teste
A garder place; on ne void par dehors,
Deçà delà, que cheuaux grands & forts
Battre du pied, l'on n'y void que des pages,
Les estaphiers y tiennent les passages,
Là maint foüet sonne & maint carosse bruit,
Maint cry s'y faict, & dans l'air se conduit.
 Vne humeur telle est parmy nous en France,
On recognut vne mesme apparence
Aux Pharisiens, mais au sortir de là,
Chacun reprend le mauuais trein qu'il a.
Le Gentil-homme aux delices retourne,
Aux vanitez la Dame resejourne,

C

Le chicaneur & le banquier auſſy
De rapiner ont autant de ſoucy.
„ Les fiers Lyons ſont cruels de nature,
L'homme retient de ſa manufacture,
Des cailloux, dont il ſe veid animé
Quand le Deluge eut le Monde abiſmé,
Pour ſon forfaict, mais, qui pis vaut encore,
Il eſt taché des vices de Pandore.

Ondit qu'vn iour au mont Olympien
(L'ouure des Cieux) Iupiter Phidien,
Pour ſe venger du mauuais Promethée,
Lequel auoit vne eſtincelle oſtée
Du feu diuin, conuoqua tous ſes Dieux,
Puis dit en ſorte, enflambé par les yeux:

Fils de Iapet, habille aux entrepriſes,
Tu vas riant de nos flammes ſurpriſes,
Et de m'auoir trop follement deçeu,
Grand mal pour toy les Deſtins ont conçeu,
Grand mal pour l'hôme, au veuil de telle audace;
Pour mon feu pris, i'engageray leur race
A des mal-heurs que tous rechercheront,
Sans les preuoir, & que tous cheriront,
Et pour ton crime & ta malice caute,
De ce deſaſtre ils n'auront iamais faute.

Ainſi dit il, de grand' colere épris,
Et Vulcain, rare aux ouurages de prix,
Il fit venir, luy commanda ſur l'heure

Que de la terre il meslast, sans demeure,
Auec de l'eau, par dedans colloquans,
Et voix humaine & forme quant & quant,
Et luy rangeast au front des graces telles
Qu'en ont aux Cieux les filles immortelles.

    Cypris la belle eut vn commandement
De luy respandre en ses yeux promptement
Les doux appas, les attraits & les charmes,
Et les desirs qui baillent tant d'allarmes,
Et les soûris mortellement aigus.

    Ce Dieu voleur qui fit mourir Argus,
Eut de luy charge & pareille ordonnance
De la fournir d'vne entiere abondance
De trahisons, de fraudes & parjurs,
D'vn bel esprit qui ne fut endormy.

    De Mars elle eut asseurance & courage,
Et de Hebé la ieunesse en partage,
Phœbus encor la remplit de clartez,
Amour de feux, Iunon de majestez,
Pithon luy mit en bouche l'eloquence,
Et d'Euphrosine elle eut la bien-seance.

    Minerue propre attifa de sa main
Pompeusement ce Fantausme non vain,
Luy mit au chef vn brillant Diadesme,
Riche d'esmail, & fit luire de mesme,
En difference, à l'aduenant son cors,
De beaux carquans, parfumez & retors,

C ij

Et de Phœbus les dispostes seruantes,
Filles du Temps, les heures vigillantes,
Firent brauer ses cheueux esclatans
De la moisson que nourrit le Printemps.
　Ainsi comblé de mille gentillesses,
De mille dons & de mille richesses,
Que Iupiter en son courroux esleut,
Ce Malencontre à l'heure mesme fut
Nommé Pandore, ingenieux ouurage,
Tirant ce nom, de mal-heureux presage,
De tous les dons que luy firent les Dieux,
Par le vouloir du Monarque des Cieux.
　Elle eut les yeux d'vne ieune pucelle,
Bruns, entr'ouuerts d'vne flamme iumelle,
Son front eut l'air d'vn yuoire taillé,
Son beau teint fut de cinabre esmaillé,
De lys, d'œillets & de roses meslées,
Ses longs cheueux, aux tresses annelées,
Furent châtains, & deux sourcis voutez
Couuroient de iays ses beaux yeux affaitez.
　Son nez estoit d'vne iuste mesure,
Graisle, traittis, & vermeille l'enflure
Du rond corrail de sa bouche, où dedans
Mainte perlette y figuroit les dents,
Où deux soubsris, amoureuses delices,
Faisoient pleuuoir vn millier de blandices.
　Elle eut encore vn menton iumelet,

Vn col de marbre, vne gorge de lait,
Pleine, refaitte, où deux globes d'yuoire,
(Où les Amours se faisoient voir en gloire,
Et triomphans comme en Cypre voloient)
A flots ondez mignardement branloient.
    Sa main, sa taille & sa voix & son geste,
Qui n'auoient rien qui ne fut tout celeste,
N'eurent moins d'air & d'entremise en eux,
Pour mettre en iour leur puissace & leurs vœux.
    Alors Mercure au ieune Epimethée
(Frere puisné du larron Promethée)
Guida le Monstre, embelly finement
De par son Maistre auec enchantement :
Car Promethée auoit tant de finesse,
Il operoit auec tant de sagesse,
Que l'abuser estoit semer les eaux,
Et dans les champs em poupper les vaisseaux.
    Il auoit mesme, atteint de preuoyance,
Induit son frere en viue remonstrance,
Et plusieurs fois, de ne receuoir point
Les dons charmez du Roy des Dieux, espoint
De se venger contre la race humaine,
S'il ne vouloit que desormais en peine
Elle vesquit, d'où l'on void à front bas
Tomber le iour, en arrestant ses pas
Dedans la mer, iusqu'où la belle Aurore
Son Orient de fleurettes decore,

C iij

Il les reçeut neantmoins, &, peu fort,
Aprés l'erreur il recognut son tort :
Car en premier, esloignez de trauerse
Et de labeur, en maniere diuerse,
Les hommes gays sur la terre viuoient
L'esprit content, & iamais n'esprouuoient
Le temps caduc, & nulles maladies
N'engourdissoient leurs vaines refroidies.
En la maniere, aueugle en son desduit,
Le iouuenceau, trop follement induit,
En retenant ceste femme legere,
Mit à neant les propos de son frere.

Pandore adonc se ingeant à propos,
Ouurit à coup, d'vn mouuement dispos,
Vn Vaisseau creux, tous les maux en sortirent,
Et largement en campagne se mirent,
Comme on peut voir les fourmis desloger
Du pied d'vn chesne, afin de rauager,
Ou les oyseaux qui partent des ramées,
Quand le Soleil a brisé les nuées,
L'vn vert, l'vn gris, l'autre iaune ou vermeil
Seichent leur plume aux rayons du Soleil.

Des maux ainsi les escoüades parurent,
Que les humains en dommage cogneurent,
Fatalement, & l'Esperance alors,
D'vn mesme train voulant franchir les bors
Du Vaisseau large, ou bien par negligence,

Ou par destin de mauuaise influence,
Y fest a prise, & le vaisseau charmé
Fut aussi tost & ioint & refermé.

 La peste affreuse, à l'atteinte bourrelle,
Fut de la trouppe, & la fieure cruelle,
Au rude abord, & le catharre aussi,
La goutte y fut, la pierre, & le soucy
(Pere couuert de la maigreur hideuse)
Et la famine à l'œillade piteuse.

 A ces mal heurs furent encore adioints
Feinte & barrat, esgalement conioints,
Mensonge, vsure, audace, malencontre,
Assassinat de fascheuse rencontre,
Amitié fausse, enuie & trahison,
Mespris, erreur, brigandage & poison,
Luxure, orgueil, heresie, auarice,
Et faux serment, & mauuaise iustice.

 Là pesle-mesle, en sortant de leurs rans,
On veid saillir rapines & brelans,
Charmes, trafics, sorts & mutineries,
Corruptions & charlataneries.

 Là, sautelante auec vn large dos,
Fut l'ignorance, aux yeux felons & gros,
Aux larges pieds, à l'oreille penchée,
Dont la simplesse est tousiours allechée.

 Là prindrent vent & les contentions,
Et les discords, & les ambitions,

Là firent voile, & par mer & par terre,
Ces maux cruels, pour nous faire la guerre :
Monstres sans nombre, amenez icy bas
Pour ennuyer les humains au trespas,
Et qui deuant ignoroient le passage
De l'Acheron bruyant à son riuage.

De là Dedale osa, trop animé,
Comme vn oiseau de vitesse emplumé,
Fendre les airs, &, desirant l'ensuiure,
Icare en mer alla cesser de viure,
Et Phaëton precipita son cours,
Menant le char du Soleil à rebours.

Le fils d'Alcmene, en courage indomptable,
Passa les murs de l'Enfer imprenable;
,, Rien d'impossible aux hommes n'apparoist,
,, Car, tant rusez & preuoyans qu'ils soient,
,, Tousiours leurs cœurs à leur dōmage entēdent,
,, Et les Cieux mesme en leur ame ils pretēdent,
,, Et, par leur vice & leur malignité,
,, Ne souffrent pas à la Diuinité
,, Calmer son foudre, & qu'vne petite heure
,, Sa main repose & tranquille demeure.

C'est pourquoy (las!) à present tant de maux
Sont parmy nous, tellement que les eaux,
Soubs vn Deluge, auroient perdu le Monde
Vne autre fois, accrauanté de l'onde,
Sans quelques bons, d'aduenture enfantez

D

De peu de gens au Deluge restez,
Par les effects de quelque haut mystere,
Coulé des Cieux pour vn meilleur affaire.
Car on doit croire, & tres asseurement,
Que iamais Pyrrhe en son repeuplement
Ne fit les bons, de ses pierres iettees
Sur le bourbier des plaines desertees.

Quoy qu'il en soit veillons, & gardons nous
Du glaiue nud, qui pandille à tous coups
Appertement dessur nos testes nués,
Gardons le feu qui brille dans les nues,
Comme vn Ardent qui menace le chef
Des pelerins, voisins de leur meschef.

Par la raison descillons nos courages
Trop aueuglez, essuyons les orages
Qui sont tout prests à nous faire sentir
L'euenement d'vn trop long repentir.

DIEV nous regarde, & retient sa main, preste
A descocher & nous briser la teste,
Il patiente & retarde les sous
De la tempeste, ores que nous auons
L'Occasion, par le front cheuelue,
Empoignons-la d'vne main resoluë.

L'honneur d'enhaut nous serue de fanal,
Le bien commun, le seruice Royal
De nautonier, & l'amour & la crainte

D

De nef qui marche & vogue sans contrainte,
Et la douceur, la paix & le repos
Soient nostre vent, nos rades, & nos flos.
　Ayons tousiours des miseres passées
Le vif object au fond de nos pensées ;
Les bruits diuers, les sieges, les combats,
Le sang, le meurtre, aduoüez icy bas
Pour nos forfaicts, & nos vices, n'agueres,
L'effroy, l'horreur, execrables Megeres,
Le feu, l'acier, les prisons, les abbois,
Et la famine, & le trespas des Rois,
Et les rumeurs, les nocturnes allarmes,
Qui de nos yeux puiserent tant de larmes.
　Pour esuiter la colere des Cieux,
Et tant de maux qui sont deuant nos yeux,
Chacun regarde & prenne garde à suiure,
Comme il le doit, le chemin de bien viure.
　Que l'auarice & l'orgueil n'aynt leurs rans
Dedans l'Eglise, & qu'habits apparans
Hors de l'Autel ne facent par trop luire
Quiconque veut à l'Autel se reduire.
　Il fascheroit extremement à DIEV,
Voyant vn homme esclatter au milieu
Des gens du Monde auec son caractere;
Il feroit tort à son diuin mystere
D'estre agencé, de teste en pied luisant,

Poupin, mignard, & d'estre, en ce faisant,
,,Voüé pour luy ; c'est chose des-honneste
,,Que la desbauche arriue dans la teste,
,,Et qu'elle offence & l'ame & la raison
,,D'vn qui choisit de viure en sa maison.

 Que telles gens en simplicité viuent,
Que leurs troupeaux diligemment ils suiuent,
Crainte des loups, si des trouppeaux ils ont,
Et dessur tout, à lors qu'ils admettront
Des gens pour estre au seruice du Temple,
Qu'aux ignorants & de mauuais exemple
Il ferment l'huis, autrement on verroit
Que l'ennemy s'en aduantageroit.

 Non pour les biens, mais pour rendre seruice,
Leur ame droicte aspire au Benefice,
Et n'aynt au cœur (afin d'aller plus haut
Qu'il n'est seant) d'en auoir plus qu'il faut.

 Vente ny troc, & bref la Symonie,
Horrible à DIEV, leurs esprits ne manie,
Et qu'vn fermier, vn panache, vn enfant
Des biens sacrez n'aillent point triomphant.

 Qu'auec raison leurs façons on imite,
Que leur parole édifiante inuite
Aux bonnes mœurs les esprits turbulants:
Quand vn grand peuple, estant conioint de flans,
De pieds, de mains, & de teste furie,

       D ij

Pierres bastons, ennemys de la vie,
Cinglent par tout, l'ire d'armes fournit,
Meubles, pauez, ordes fanges, tout suit
Aux enuirons, mais si parauenture
Vn homme graue, honorant la droicture,
Arriue-là, chacun s'arreste-coy,
Bandans l'oreille, il remet tous à soy,
Leur flamme il tuë, en leurs veines glacée,
Borne leur fougue & regis leur pensée.
,, Rien n'est de tel qu'vne prudente voix:
Quand Ilion, proche de ses abbois,
Faisoit barriere au puissant fils d'Atrée,
Qui d'vn grand Ost ombrageoit sa contrée,
Par vn discord, vn desordre, bastis
Dessur Pelie au nopces de Thetis:
  Quand, dis-ie, Xanthe & le fleuue Scamandre,
Et Simoü, peslemeslez de cendre,
Et tous ionchez d'armures & de cors,
Troyens & Grecs en la bataille mors,
Dessoubs le faix retenoient leur carriere,
Teinte de sang par vne guerre fiere,
Au gré d'Amour, cet Archerot, qui fait
Le Monde entier obeïr à son trait,
Ænë iamais, Sarpedon ny Troïlo
Ne feirent tant pour le bien de leur ville,
Ny l'Amazone & le vaillant Hector,

Par leurs estours, que le sage Nestor
Luy fit d'ennuy par les rares merueilles
De son discours attrayant les oreilles.

Mais si l'Eglise, à qui nous debuons tous,
Doit ainsi viure, & pour elle & pour nous,
Que (genereuse) on voye la Noblesse
Aller de mesme, afin qu'elle redresse,
Auec honneur, les reputations
Qu'elle eut iadis parmy les Nations.

Qu'à brelander plus elle ne s'amuse,
Comme elle a fait : en ses ieux elle abuse
De l'heureux nom qu'elle a tiré des Cieux,
Par les efforts de ses braues ayeux.

Que la valeur où premiere elle excelle,
Ne tende à luire au fait d'vne querelle
De guet-à-pans & d'vn combat à part,
Mais dans vn camp, ou dessus vn rempart,
Haute en courage, & brillant comme vn foudre,
Parmy l'acier & la flamme & la poudre.

Qu'aux feneants elle ne donne accés,
Que tous bouffons & tous hommes d'excés
Elle reiette, & que de l'ignorance
Et de l'erreur elle n'ait cognoissance.

Que, non fardée, elle monstre au dehors
Comme son ame est faite dans son cors,
Et que, pour estre à bon droit estimée,

D iij

Elle ne soit iamais effeminée,
Ny de parolle, ny d'accoutrement,
,,L'onde & la flamme ont contraire Element.

Qu'elle ait en prix l'Eglise & la Iustice,
Les deux marteaux qui destruisent le vice,
Et par rigueur ne dispose son bras
A gourmander le populaire bas,
,,Fascher les Grands est fureur & manie,
,,Et les petis est vraye tyrannie.

Que loyaument elle serue le ROY,
Luy dediant son amour & sa foy,
De plus en plus, & que tousiours ses armes
Tendent leurs cours par les iustes alarmes.
,,Qui bien enfourne, & qui bien ne poursuit,
,,A plus grand blasme, & plus grand mal le suit,
,,Dix mille fois, que si la perfidie
,,L'auoit regy durant toute sa vie.

Si l'on doit croire à nos Poëtes vieux,
Soubs le tombeau les antiques ayeux
Ont du plaisir aux beaux faits de leur race,
Et de l'ennuy quand la honte l'efface.

Qu'elle ait tousiours l'esprit ferme & bandé
Sur le deuoir, qu'vn ius affriandé,
Par vne amorce aueuglément enclose,
En des pourceaux ne la metamorphose.

Qu'vn vent, enflé d'vne trop simple erreur,

,, Ne la culbute, vne plante, vne fleur
,, Si tost ne branſle, & panchant ne renuerſe,
,, Qu'vn pin tombant d'vne longue trauerſe,
,, Quand en Automne Eole fait vn bruit,
,, Qui roidement és foreſts s'entreſuit
,, De branche en branche, & faiſant ſa conqueſte
,, De leurs fueillards, des-honnore leur teſte.
,, Dieu fait les Roys, Dieu les maintient, & Dieu
,, Veut qu'on les aime & reuere en tout lieu,
,, Comme ſes Oincts, iamais on ne proſpere
,, Aucunement ſi l'on marche au contraire.

   Or pour autant que dans le peuple ſont
Pluſieurs Eſtats, qui neantmoins y font
Vn meſme accord auec meſme police;
Au premier d'eux, au corps de la Iuſtice,
Qui tient en main la conduitte des loix,
Par deſſur tous i'adreſſeray ma voix.

   Qu'elle ait vn œil aux meſchants redoutable,
Qu'elle ait aux mains vne force indomptable,
Vne ame iuſte, vn cœur entier & droict,
Qu'aux orphelins pere & mere elle ſoit,
Donne ayde au pauure, & que la femme veuue
Comme vn aſyle à ſon beſoing la treuue.

   Qu'aux longs procez elle aduiſe vne fin,
Rengeant vn mords à l'eſprit caut & fin
Du chicaneur, dont la fauſſe praticque

Met à neant tout debuoir autentique,
Bouleuerſant, & minant, & rongeant,
De tous coſtez, pour auoir de l'argent.
　　Que les brelands, que leurs autheurs finiſſent,
Que tous diſcords eſgalement periſſent,
Que le blaſpheme aille prendre le ſaut,
Que le marchand debite comme il faut,
Qu'il ſoit mis ordre aux papiers du comptable,
Fidelement d'vne peine equitable,
Et pour afin que tout aille à ſouhait,
Que pour le fait de la Creance on n'ait
Tant de riotte & d'iniures mutines
Contre l'honneur des puiſſances Diuines.
　　Puis que l'Eſtat & la neceſſité
Nous font viur en la diuerſité,
Qu'en modeſtie, en paix vn chacun viue,
Et que iamais en fureur on n'eſtriue.
　　Si d'aduenture on recognoiſt des mœurs
En noſtre Egliſe, & des libres humeurs
Autres qu'il faut, ſi l'on en doit reprendre
Les choppemens, que ſe ſoit d'vn cœur tendre
En voix de frere, auec de la pitié,
Non d'vn eſprit comblé de mauuaitié,
Qui ſe prend-là malheureux il blaſpheme,
Et blaſphemant il ſe prend à DIEV meſme.
　　Que les habits vainement ſuperflûs
　　　　　　　　　　　　　　　Confuſéme

Confusémement ne se tolerent plus
En nos Citez, & que la moindre femme
Ne s'appareille auec la Genti-femme.
Grands maux de là sont trop veus parmy nous:
Car la brebis n'a tant crainte des loups,
Que l'homme a peur de viure en mariage,
Où tous ses biens pourroient voir le naufrage.
Il est contraint de hanter les bordeaux,
Où pour gauchir les escueils & les eaux
Et les horreurs dont la Scylle est couuerte,
Dans le Carybde il aduise sa perte;
Ou bien s'il veut au mariage entrer,
Pour faire braue & superbe monstrer
Sa ieune espouse, en affiquets, en robbe,
En points couppez, il faut lors qu'il desrobe,
Et quand le gain ne respond au desir,
A son dommage elle fait son plaisir.
  Qu'vn tel desordre, vne telle bombance
A tire d'aisle abandonnent la France;
Qu'au loing soient mis tous hommes vagabonds,
Que les porteurs de libelles sans noms
Prennent mesme erre, & que plus on n'endure
Tant piccoter, de voix & d'escriture,
Nos Souuerains iniuriez à tort,
Sans preparer vne cruelle mort.
  Themis ainsi nous remettre en nos lustres,

E

Comme iadis, & ses enfants illustres,
Nous faisant voye au chemin des vertus,
En soient de mesme à iamais reuestus,
Suiuants le trein, le chemin, la carriere
Où VERDVN flambe esclatant de lumiere,
D'vn rang supréme & venerable entr'eux,
Comme vne Lune entre les moindres feux.

CL. GARNIER.

EPIGRAMME.

COmme autresfois Pandore,
Ie viens refpendre encore
Tous les maux icy bas;
Mais ne dira-ton pas
Que i'ay plus de fineffe?
La belle enchantereffe,
Pour leur donner le mot,
Vint aborder vn fot,
Tout le monde l'accorde,
Et celuy que i'aborde,
Leur faifant prendre cours,
A tant d'experience,
Qu'il n'eft point en nos iours,
Vn plus digne homme en France.

www.ingramcontent.com/pod-product-compliance
Lightning Source LLC
Chambersburg PA
CBHW061018050426
42453CB00009B/1518